DOM J. PARISOT

MOINE BÉNÉDICTIN

Musique Orientale

CONFÉRENCE PRONONCÉE

DANS LA SALLE DE LA SOCIÉTÉ SAINT-JEAN

LE 28 FÉVRIER 1898

PARIS

AUX BUREAUX DE LA SCHOLA CANTORUM

15, rue Stanislas, 15

1898

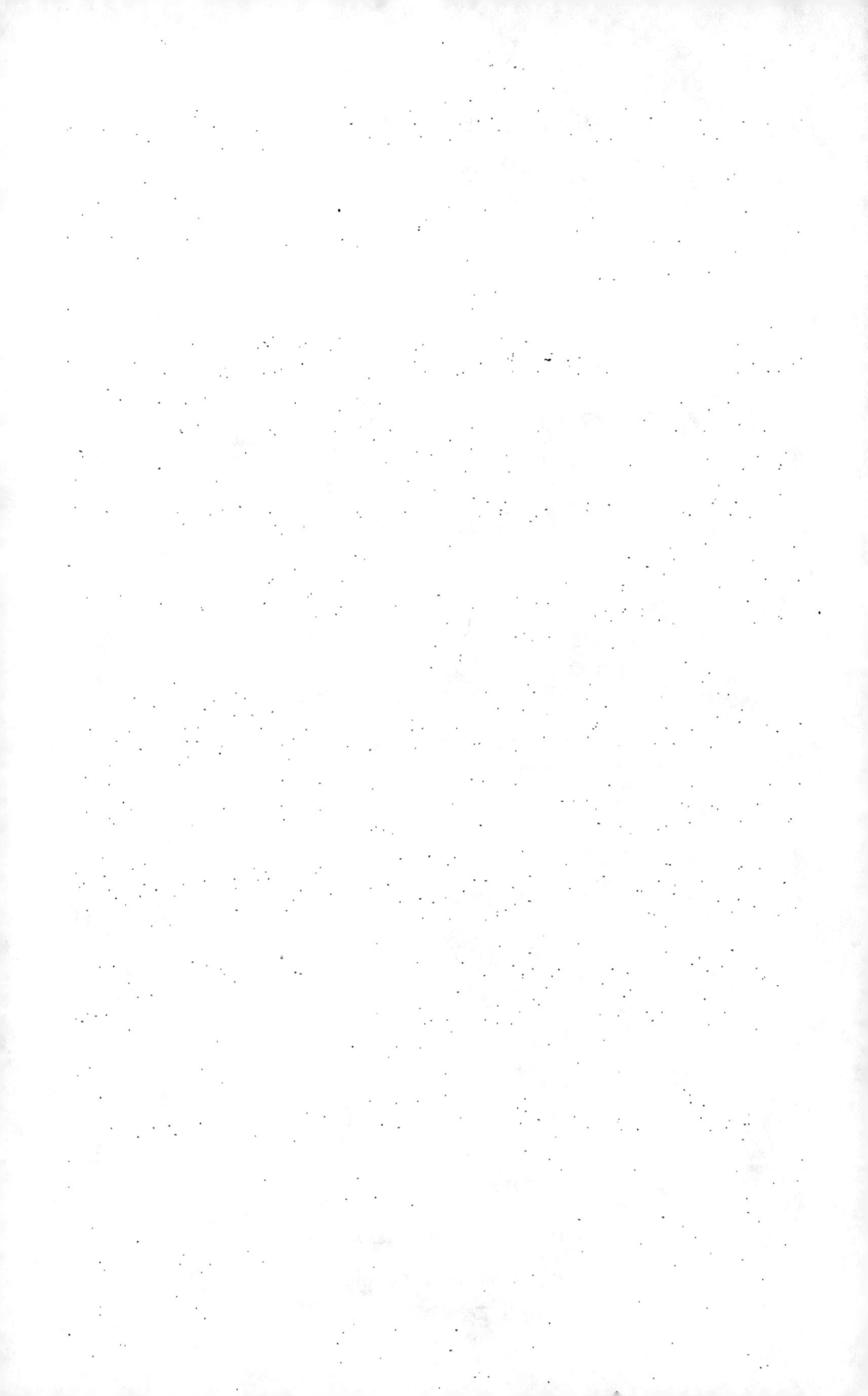

DOM J. PARISOT

MOINE BÉNÉDICTIN

Musique Orientale

CONFÉRENCE PRONONCÉE

DANS LA SALLE DE LA SOCIÉTÉ SAINT-JEAN

LE 28 FÉVRIER 1898

PARIS

AUX BUREAUX DE LA SCHOLA CANTORUM

15, rue Stanislas, 15

—

1898

Extrait de la *Tribune de Saint-Gervais*

MUSIQUE ORIENTALE

Deux grands ordres de faits constituent la base de l'art musical : la combinaison des sons, et l'expression qui en résulte pour les sens.

Des deux termes de cette définition, l'un dépend du calcul, l'autre est subordonné au goût.

Le premier fait de la musique une science, que les mathématiciens réduisent en formules précises. Considérée sous le second aspect, la musique est un art, né de la science, pour apporter son utilité et son ornement à la vie humaine.

Si la musique étudiée scientifiquement est le propre des spécialistes, les manifestations artistiques qu'elle produit sont accessibles à tous ; mais, comme le sentiment d'appréciation diffère selon les individus, il en résulte que l'expression sensible ne ressort pas directement de l'examen scientifique, et peut se dérober à la discussion, suivant le vieil adage : *De gustibus non disputandum.*

C'est donc à un double point de vue que nous allons étudier la musique arabe.

Nous considérerons d'abord le caractère général de cette musique dans son état actuel, pour le mettre en parallèle avec l'expression de l'art européen ; puis nous rechercherons les éléments de la tonalité, afin d'expliquer la formation de la gamme arabe et le développement des modes.

I

CARACTÈRE DE LA MUSIQUE ARABE

Le voyageur qui parcourt l'Égypte et la Syrie trouve facilement occasion de remarquer, pour peu qu'il se mêle aux mœurs des habitants, la place donnée au chant et à la musique dans la vie de ces peuples.

Le climat, tout d'abord, invite à chanter. La nature orientale impressionne davantage les sens. Puis la vie est plus libre; une grande partie s'en passe au dehors, exempte des exigences de la civilisation européenne. On y a moins de besoins; conséquemment, on emploie plus de temps à se divertir. Mais à ces raisons, d'ordre externe, il faut aussi ajouter une disposition naturelle des Orientaux pour le chant et la mesure. De nos jours, comme dans l'antiquité la plus reculée, ils appliquent le chant à tous les travaux, à tous leurs actes de la vie. Le puiseur d'eau accompagne d'un refrain le mouvement de sa machine; les porteurs chantent en marchant, les serviteurs en dressant la tente, les maçons en élevant une construction, la ménagère en tournant sa meule. Le tisserand règle au mouvement de son métier, aussi bien que le forgeron à la cadence de son marteau, le rythme d'une chanson; le guide qui conduit les voyageurs jette aux échos les notes de son refrain. Il n'est pas jusqu'aux malheureux habitants des villages réquisitionnés pour l'impôt du travail, qui n'essaient par le chant d'alléger le poids de leur corvée. Il y a le chant des vendeurs du bazar, des muletiers, des rameurs; on chante aux moissons, aux vendanges, en un mot dans toutes les circonstances, joyeuses ou tristes, de la vie.

Si le chant est ainsi une jouissance indispensable des Orientaux, il est naturel qu'il occupe une place considérable dans les fêtes populaires. Dans ces circonstances, les Asiatiques manifestent volontiers leur goût pour la musique bruyamment rythmée.

Villoteau a fait en ces termes la description d'une marche solennelle en Égypte : « On n'y emploie que les instruments les plus bruyants, comme hautbois, trompettes, cymbales, tambours; on n'y admet ni les instruments à cordes ni les flûtes... Mais le nombre des timbales et des tambours de diverses proportions est si considérable et produit un si grand tintamarre, l'éclat des cymbales est si étourdissant, le son aigu et perçant des hautbois, appelés *zamir*, vibre si vivement en l'air, celui des trompettes est si déchirant, que le plus bruyant et le plus tumultueux charivari qu'on puisse imaginer ne donnerait encore qu'une faible idée de l'effet général qui résulte de cet ensemble. » (*De l'état actuel de l'art musical en Égypte, ou Relation historique et Description des recherches et observations faites sur la musique en ce pays.* Dans la *Description de l'Égypte publiée par ordre du gouvernement français*, t. XIV, p. 701.)

Ajoutez que les trompettistes arabes se bornent à pousser quelques-uns des sons les plus aigus, au hasard, sans se soucier des dissonances qu'ils produisent. (FÉTIS, *Histoire générale de la Musique*, Paris, 1869, t. II, p. 157.)

La musique a eu aussi de tout temps une signification religieuse; c'est pourquoi elle forme une partie nécessaire du culte sacré. Son rôle liturgique est même plus considérable en Orient qu'en Occident, car, jusqu'à nos jours, le plus grand nombre des chrétiens orientaux, fidèlement attachés aux usages antiques, n'ont pas admis le principe de la célébration de l'office sans chant. On voit toujours les officiants alterner avec le chœur, comme chez les Grecs, ou mieux le peuple prendre lui-même part au chant, comme dans les divers rites syriens.

En général, les chants liturgiques possèdent — dans une moindre proportion peut-être qu'en France — une expression différente des airs profanes. Si les principes musicaux sont identiques pour l'une et l'autre branche de l'art, si le goût produit, à l'église, des manifestations analogues à celles qu'on saisit dans les chants extérieurs au temple, il semble que les airs d'église, fixés en quelque sorte par les textes dont ils ne se séparent point, soient moins sujets au changement, et que dans certains rites des églises chrétiennes, et même dans les mosquées, on retrouve quelque chose des primitives traditions musicales de Syrie ou d'Égypte, et comme des vestiges de ces mélodies « simples et graves », que les anciens, au dire de Clément d'Alexandrie[1], appliquaient à la louange divine.

Ailleurs, il est vrai, les chants religieux, ou soi-disant tels, se différencient moins de la musique populaire des Arabes. Tantôt ce sont des airs, sinon légers, du moins faciles, et, pour ainsi dire, enfantins dans leur simplicité, qui accompagnent les textes des anciens hymnographes. D'autres fois, on applique à des cantiques en langue vulgaire des mélodies très profanes, prises de chansons de rue.

Tel est en Orient l'usage du chant et de la musique, dans la vie privée, dans la vie publique et dans les cérémonies religieuses. Les mœurs musicales que je vous ai décrites se retrouvent à Damas, Tripoli, Alep, le grand centre de la musique arabe, les mêmes qu'au Caire, à Alger ou au Maroc. La communauté d'organisation et de caractère est telle entre les divers peuples parlant l'arabe, que là même où se trouvent mêlés des individus de races différentes, un goût uniforme se manifeste entre eux tous. Partout la musique arabe se présente avec les mêmes caractères fondamentaux; et les mêmes divergences la séparent de la musique européenne.

Si tous ces peuples de l'Orient sont grands amateurs de musique, on doit dire qu'ils n'en font qu'un passe-temps, un divertissement, sans l'élever à la hauteur d'une science ou d'un art étudié par principes, comme le firent les anciens Égyptiens, et après eux les Grecs. Il n'existe d'ailleurs, à l'époque actuelle, que de rares livres ou manuels musicaux. On les étudie peu, et l'enseignement théorique ne figure pas dans les programmes.

On a lieu de le regretter, car l'Égypte et la Syrie se voient de plus en plus envahies par les productions musicales du midi de l'Europe, et c'est pour le chercheur une désagréable surprise que de rencontrer en Orient des imitations plus ou moins exactes de l'art occidental, supplantant les airs anciens. Dans les villes les plus facilement accessibles aux voyageurs, les concerts s'alimentent souvent de mélodies empruntées à nos théâtres, à la scène italienne surtout; en même temps que le répertoire religieux, dans les églises ou

1. Paedag., 2, 4 (MIGNE, Patr. gr., t. VIII, c. 445).

chapelles des villes, s'enrichit de cantiques tirés de nos recueils en vogue, et, je dois le dire, ce sont les compositions du style le moins sérieux qui sont acceptées avec le plus d'empressement.

Ceux des Orientaux qui se tiennent plus éloignés du commerce européen gardent plus jalousement les vieilles traditions artistiques; et nous nous en réjouissons, car ils ne sauraient abdiquer le patrimoine musical qu'ils tiennent de l'antiquité. Leurs chants sont d'une richesse modale incomparable, leurs rythmes offrent les plus grandes variétés, et leur musique est en général susceptible d'une profondeur d'expression que l'art européen ne nous donne pas dans la même mesure.

Le jour où les Orientaux appliqueraient à l'art musical oriental, comme ils l'ont fait pour la langue arabe, un enseignement organisé; le jour où ils mettraient leurs chants par écrit, afin de les soustraire à la routine, mauvaise conservatrice des choses d'art, la Syrie deviendrait, au moyen des riches éléments d'originalité qu'elle conserve, un foyer de productions fécondes, où elle pourrait hardiment convier les autres nations.

Revenons à la réalité des choses, et considérons la musique orientale telle qu'elle existe de nos jours.

D'une manière générale, les airs orientaux produisent à l'oreille de l'auditeur européen une expression d'étrangeté. La mélodie, monotone, souvent triste, se développe suivant des modulations vagues, sans analogie avec l'art occidental. Pendant que le joueur d'instrument prélude sur les cordes du luth ou du kanoun, la tonalité s'accuse et s'affermit, par une répétition de notes rapides, évoluant autour des sons principaux. Tandis qu'on essaye de construire une gamme, au moyen de ces éléments noyés dans un luxe de trilles, de roulades, de dégradations de ton et de modulations sans fin, tantôt répétées d'une manière monotone, parfois subitement rompues par la brusque succession d'un mode différent, le chanteur commence une mélodie qui semble tout d'abord rebelle à l'analyse. A mesure que ce chant se poursuit, la voix s'élève et se renforce; le mérite du chanteur est d'atteindre des cordes très élevées. Ce n'est évidemment qu'après un long exercice que l'organe peut se plier aux réelles difficultés de cette exécution.

La coutume est que les assistants interrompent l'artiste par des *Ah!* de satisfaction, ou des exclamations telles que « Allah te secoure! », « qu'il conserve ta voix! » Peu à peu, les auditeurs s'associent au chant, soit en marquant le rythme avec la main, soit en redisant le refrain après chaque couplet, soit en manifestant par leurs attitudes le sentiment de la passion que cette musique exprime, non comme la nôtre, par des procédés savants et recherchés, mais d'une manière accessible à tous, et en parfaite harmonie avec leur caractère.

C'est la jouissance vague d'une mélodie, excitant, sans clarté d'intention, la sensibilité; comparable au doux enivrement d'une boisson qui assoupit la vivacité des émotions, d'un opium qui stupéfie doucement l'homme, pour le conduire à une molle rêverie, voisine de la tristesse.

L'auditeur étranger, même au cas où il éprouverait partiellement cette impression, est ici déconcerté dans ses habitudes, et peut-être se dit-il à lui-même, en reprenant pour son compte le mot de l'un des nôtres, ennuyé de pianos et de romances : « Que si l'art musical mérita chez les anciens de donner son nom au monde entier de l'intelligence et des neuf déesses de l'esprit », ce n'est pas assurément sous la forme qu'il a dans la pratique orientale. A tout le moins, la première observation qui se dégage à l'audition de cette musique, est qu'une longue accoutumance sera nécessaire pour que l'on arrive à y prendre plaisir.

Nombre d'exemples démontrent cependant que l'habitude peut modifier totalement notre sentiment artistique, au point de nous faire goûter des sensations qui nous avaient blessés de prime abord, parce qu'elles ne répondaient pas aux principes de notre éducation musicale.

C'est, à l'inverse, l'impression des Orientaux, qui, ressentant de telles jouissances à l'audition de leur musique, ne peuvent tout d'abord souffrir la nôtre, et la jugent désagréable.

Et ce sentiment ne provient pas nécessairement, ainsi qu'on pourrait le croire, d'un mépris naturel pour la chose ignorée, de l'éloignement en face d'un art que l'on n'a pas étudié. Non, car les Orientaux sont, en certaines matières, plus curieux que nous des choses du dehors. L'Égypte, et par l'intermédiaire de celle-ci, la Syrie, possèdent, comme je l'ai dit, d'assez nombreux échantillons de notre musique : airs populaires, hymnes d'église, cantiques et mélodies d'opéras; mais, en les recevant dans leur répertoire, ils les adaptent à leur manière de chanter.

Certains d'entre eux connaissent assez nos procédés d'exécution pour les caractériser par les points où notre pratique diffère de la leur. Ce sont, entre autres exemples, les tenues de notes sans trilles ni roulades, la pose du son, l'émission produite sans traînements de voix, la succession des degrés simples sans notes d'agrément.

Ces différences dans les manifestations artistiques sont évidemment voulues et maintenues avec intention. Il n'est pas sans intérêt d'en rechercher ici la cause.

Un de nos musicologues, qui a pratiqué pendant plus de vingt-cinq années en Algérie la musique arabe, Salvador Daniel, a cherché à approfondir ce problème[1]. Il a vu dans ce fait une question d'éducation ou d'habitude. Mais, croyons-nous, on doit avant tout l'attribuer au tempérament et au caractère propre à la race.

La théorie actuelle de la musique arabe procède, il est vrai, d'une superposition de réformes, que nous étudierons ci-après; mais l'art populaire, tel qu'il se retrouve dans les plus anciens airs d'église, dans les chants de mosquée et surtout dans les chants traditionnels des Arabes du désert, a tenu en somme contre les tentatives des théoriciens. Les manifestations spontanées du sentiment ne sont pas soumises aux mêmes changements que les spéculations doctrinales et les théories, parce que, étant, aussi bien que le langage lui-même, l'exacte expression du caractère des peuples, elles demeurent intimement liées à la vie de ceux-ci, ne se modifiant que dans la mesure où la race elle-même se transforme.

Aussi est-ce par les conditions du langage parlé que nous expliquerons la nature du chant.

---

1. *La Musique arabe*, Paris-Alger, 1879, p. 2, 3. — Cf. VILLOTEAU, op. cit., p. 679, 670.

La musique est, en effet, un langage. Mais si tous les hommes ont un langage, ils ne parlent pas tous la même langue ; et les divers systèmes musicaux sont comme les divers dialectes, plus ou moins éloignés les uns des autres du langage musical.

Tandis que les langues âryennes se montrent riches en voyelles, flexibles, sonores, à ce point que l'échelle des sons parlés a, comme l'a dit un auteur, la régularité d'une gamme musicale, aussi claires dans le son des syllabes que précises dans les significations des racines et de leurs flexions ; — les langues sémitiques, rapportant tout à l'articulation de la consonne, restent dépourvues des nuances délicates des voyelles. Les sons n'étant pour ces peuples que l'élément accessoire du langage, le vocalisme, peu varié du reste, comportera des sons obscurs ou mal déterminés, des demi-voyelles ; souvent même, la voix s'étendra sans voyelle sur le prolongement de l'articulation consonale.

Dans ces conditions, la musique, originairement la parole chantée, doit, chez les Sémites, naturellement différer de la musique des races âryennes. C'est ainsi que la nature de la langue arabe explique, je dirai même qu'elle suppose les dégradations de ton, qui entrent dans la structure des gammes orientales. Des peuples éminemment sensibles, comme le sont les Asiatiques, capables d'apprécier de minces intervalles, introduisirent les altérations des sons chantés, issues des altérations de sons vocaliques, dans la division de l'échelle musicale, qu'ils nuancèrent, ainsi que nous allons le voir, d'une façon contraire à nos habitudes européennes. Les accentuations propres à la langue modifient le sens auditif d'une manière telle qu'il en résulte chez les individus une corrélation intime entre la tonalité et l'idiome qui lui correspond. Et cette musique nous paraît comme la langue elle-même, inintelligible, si nous n'y sommes pas initiés.

Huit chants orientaux ont été exécutés au cours de la première partie de cette conférence, par M. Halim Kattini Mallouf et les chanteurs melchites de Saint-Julien-le-Pauvre.

L'exemple cité est la version arabe de l'hymne du soir de l'office grec, Φῶς ἱλαρόν, dont voici la traduction :

« O lumière joyeuse de la gloire sainte du Père céleste, immortel, saint, heureux, Jésus-Christ ; à l'heure où le soleil se couche, voyant la lumière du soir, nous célébrons le Père, le Fils et l'Esprit-Saint. Il convient de te louer en tous les temps par de dignes voix, ô Fils de Dieu, qui donnes la vie, c'est pourquoi le monde te glorifie. »

sihh. in- na- ti 'in- da gha- ru- - - b esh- shams u-

an- zur nv al mas- sa wa- nu- sa beh l-ab wa- ibn wa-

rruhh al qu- dus. i- la mus- ta- hheq fi [sa- hheq fi] kul

a- u- a- kat an yu- sa behh bi as- wa- tin bar-

ra ya ibn al- lah lma'ti l-hhayya- lla- dhi min ajl lu 'lam- la- ka

in mas- jed.

II

ÉTUDE DES SONS ET DES TONALITÉS

1. Constitution de la gamme arabe

Les musicologues ont cherché les origines de notre art. A la vérité, la musique, innée chez l'homme comme le sentiment de la parole, n'a pas, à proprement parler, d'origine. Il s'est trouvé sans doute, la légende antique en fait foi, un homme qui, le premier, eut l'idée de souffler dans un roseau creux ou de faire résonner les fibres tendues sur un corps sonore, et devint, par ce hasard, l'inventeur de la flûte ou de la lyre ; mais personne n'a inventé le chant, qui existe, comme le langage, partout où il y a des hommes. Longtemps donc avant de devenir un art, la musique servait à l'homme pour exprimer ses sensations ; le chant, issu de l'accent du langage, se substituait comme spontanément à la simple parole, pour mieux marquer la vivacité de la pensée par la variété des inflexions vocales.

Ce devait être, à l'origine, une modulation indéterminée, imitation des murmures harmoniques que les phénomènes naturels font entendre à l'homme : le bruit de la mer ou du vent et les voix diverses de la nature, et surtout le ramage des oiseaux.

Les intonations purent être appréciées au moyen des instruments, dont l'invention est d'ailleurs rapportée par la Bible[1] aux premiers âges du monde. Le mode d'accord des instruments à cordes permit d'acquérir la notion des rapports : on découvrit les consonances primitives, puis on classa les degrés intermédiaires, et la mélodie fut ainsi contenue, réglée, amenée à l'unité tonique, en même temps que l'application aux textes rythmés l'amenait à la mesure.

1. Gen., IV, 21.

C'est ainsi que la musique, en tant qu'elle est un art, a eu une origine; et ses premiers développements semblent avoir été les mêmes chez tous les peuples, parce qu'ils procèdent d'un même principe, qui est sans doute, selon la parole de M. Gevaert, « la manifestation d'une loi générale, conséquence de l'organisation physiologique de l'homme[1] ».

Mais dans le développement des systèmes, chaque race apporte des manifestations particulières, résultant du caractère, des mœurs, des circonstances de lieu, de temps et de climat, du degré de civilisation, et les nombreux systèmes de gammes qu'on trouve chez les différents peuples montrent qu'en dépit du travail des théoriciens, il y a dans la formation de l'échelle musicale plus d'arbitraire qu'on ne le croirait au premier abord.

La notion des rapports musicaux fut établie, ai-je dit, au moyen des instruments, dont le mode d'accord fit découvrir les trois consonances primitives, l'octave, la quinte et la quarte, connues, dit Helmholtz, depuis les temps les plus reculés. La succession de ces intervalles a donné cette première division régulière de l'octave :

$$Ut \quad 3/4 \quad fa \quad 8/9 \quad sol \quad 3/4 \quad ut.$$
$$1/1 \qquad\quad 3/4 \qquad\quad 2/3 \qquad\quad 1/2$$

Mais, comme l'a remarqué d'Ortigues, « à l'exception de ces aliquotes, qui sont le produit du phénomène simple de la résonance, il n'est aucun des autres intervalles qui soit essentiel en soi ».

On a donc rempli de diverses manières les distances comprises entre la première et la seconde note (*ut-fa*), la troisième et la quatrième (*sol-ut*), ce qui a constitué les systèmes.

Dans la musique orientale actuelle, l'intervalle *ut-fa*, pour prendre seulement ce premier tétracorde en exemple, se présente avec un plus grand nombre de degrés que le tétracorde grec et que les degrés correspondants de notre échelle moderne. Celle-ci compte quatre demi-tons, soit cinq degrés :

$$ut, \; ut \,\sharp, \; ré, \; ré \,\sharp, \; mi, \; fa \,;$$

la gamme arabe a dix intervalles, onze degrés, pour la même longueur de corde. Mais disons tout de suite, avec les théoriciens arabes eux-mêmes, qu'il n'en était pas ainsi à l'origine, et que l'échelle arabe fut primitivement une échelle diatonique pure. Les altérations qu'elle présenta dans la suite sont des importations étrangères dues à l'influence de la musique persane d'une part, et de l'autre à la musique grecque.

Il est aisé de le prouver.

Située géographiquement entre la Grèce et la Perse, la Syrie fut le trait d'union des deux civilisations : celle de l'Europe et celle de l'Asie. C'est par les Syriens que les arts se transmirent aux Grecs pour revenir, perfectionnés et transformés, à leur premier berceau. Le système harmonique des Grecs, avec leurs instruments, passa ainsi de bonne heure en Asie. Il y dominait à l'époque de la captivité des Juifs à Babylone, comme le témoigne la nomen-

---

1. *Histoire et théorie de la musique dans l'antiquité*, Gand, 1875, t. I, p. 3, 5.

clature du texte de Daniel[1], et il a laissé des traces dans les titres des psaumes.

Les théoriciens auxquels nous nous rapportons, Al-Farabi, Safi-eddin, disent d'ailleurs en propres termes que « les sons qu'on entend dans le chant des Persans et des Grecs sont étrangers au chant des Arabes[2] ».

Mais n'eussions-nous, pour démontrer cette double influence grecque et persane sur la musique arabe, aucun témoignage historique, elle n'en serait pas moins certaine, car la pression des deux éléments étrangers se trahit par les termes mêmes de la nomenclature musicale arabe. Les uns sont en effet des transcriptions plus ou moins exactes des mots grecs, comme le nom même donné à la musique, *musiqi*, μουσική; *estukbusiyeb*, στοιχείωσις, « l'enseignement élémentaire »; les autres en sont la traduction : *al nu'd-dbul-kull*, διὰ πασῶν, « l'intervalle du tout ». Diverses appellations techniques, et surtout les noms des degrés du « système parfait », proviennent des traités grecs. Suivant une évolution analogue à celle qui se produisit en Occident lorsque les théoriciens du moyen âge étudièrent les ouvrages musicaux des Byzantins, l'influence de l'élément grec sur la musique arabe se fit sentir sur la théorie plus que sur la pratique. Au surplus, elle ne fut que temporaire, car les musiciens du treizième siècle s'affranchissent visiblement de la tutelle de l'antiquité grecque[3].

Un plus grand nombre d'éléments de même sorte, que l'on retrouve dans l'énumération des modes arabes et des degrés de l'échelle, accuse une plus forte importation d'origine persane, soit que la Perse ait donné aux Arabes ce qu'elle possédait en propre, soit qu'elle leur ait transmis ce qu'elle avait reçu de l'Inde.

C'est ainsi que, parmi les noms des degrés de l'échelle, le mot *'ajam*, « Persan » ou « étranger », est le nom de la dégradation d'intervalle qui, dans certains modes, se substitue au degré appelé *'iraq*. De même, à côté des modes, aux noms arabes, tels que *bbjazi*, nous avons les appellations persanes de *isfaban*, *zirakfend*. Enfin, dans la série des degrés de l'octave, la première note porte, aujourd'hui comme au douzième siècle, le nom persan de *yekka*, « la première »; *duka*, la « deuxième », indique le *ré*; *sibka*, la « troisième », est le *mi*, et *jarka*, « la quatrième », désigne le *fa*. Villoteau donne aussi les noms de *penjka*, *sbesbka* et *beftka*, « cinquième, sixième et septième », tombés en désuétude, mais qui désignaient, au onzième siècle, les degrés suivants de la gamme.

Il convient maintenant d'examiner la manière dont les Arabes ont conçu la formation de l'échelle tonale.

Le premier élément qui s'offre à nos recherches est l'ancienne division de la corde en douze parties égales. Ce mode de détermination des degrés toniques nous est attesté par Safi-eddin, non comme un usage suivi de son temps, mais comme une ancienne tradition musicale. Or, si nous divisons ainsi une longueur de corde suivant la progression arithmétique continue qui a pour raison 1/12, nous obtenons la série suivante de notes :

1. Dan., III, 5.
2. J. P. N. LAND, *Recherches sur l'histoire de la gamme arabe*, Leyde, 1894, p. 63, 65.
3. CARRA DE VAUX, *Le Traité des rapports musicaux de Safi-eddin*. Journal asiatique, 1892, p. 111.

	ut	— ré	mi ♭	fa	sol	+ la	ut	mi ♭	sol
VIBRATIONS :	517.	564,1	620,3.	689,5.	775,6	886,4.	1034.	1241.	1552.
LONGUEURS DE CORDE :	1/1	1/12	1/6	1/4	1/3	5/12	1/2	7/12	2/3

	ut	sol	sol	=
	2068.	3104.	6208.	=
	3/4	5/6	11/12	0

De ces douze notes, les sept premières fournissent une gamme avec tierce mineure, dans laquelle cependant la seconde est abaissée, et la sixte surélevée ; la septième fait défaut.

Le septième degré de cette série et les notes suivantes sont celles de l'accord parfait mineur.

Or, cette échelle tonale, qui n'est au point de vue de notre système moderne que de peu d'intérêt, est d'une grande valeur si nous la rapprochons des modes arabes. Elle se retrouve en effet, avec sa seconde diminuée, dans l'échelle du mode *bbejazi* de Al-farabi, si l'on tient compte de la modification apportée par la restitution ou l'introduction de la sensible — et elle forme la base d'un des genres musicaux[1] en usage depuis le dixième siècle. J'ai tenu à vous la présenter dans le détail, parce qu'elle nous fait pour ainsi dire toucher du doigt la formation, sur un instrument, d'une échelle tonale régulière, indépendante du calcul des théoriciens, lesquels, en Orient comme en Occident, ont suivi la pratique, et parfois d'assez loin, pour la constater, et non pour la déterminer à l'avance.

Notre pratique musicale, réglée sur la polyphonie, rejette un procédé qui ne produit pas d'intervalles consonants ; mais les Arabes purent s'en accommoder, préoccupés uniquement de l'élément mélodique, qu'ils développèrent avec une finesse que nous n'avons pas atteinte.

Nous allons voir que les Arabes remplacèrent, et très anciennement, cette ancienne division de la corde par d'autres successions d'intervalles ; toutefois, ce mode très simple de formation des degrés toniques, consistant à donner au second la même longueur de corde qu'au premier, se maintint partiellement dans les nouveaux systèmes, et servit à déterminer les degrés accessoires de la gamme arabe du dixième siècle.

Pour cette époque, nos recherches sont faciles, grâce au traité de musique de Al-farabi.

Selon cet auteur, les notes sont appelées du nom du doigt qui sert à les marquer sur le manche de l'instrument.

La corde libre donnant le son fondamental, soit *ut*, l'index fournissait la seconde majeure, *ré*, le médius donnait le *mi ♭*, le doigt annulaire marquait le *mi ♮*, enfin, pour le cinquième degré, l'auriculaire donnait la quarte *fa*.

L'emploi alternatif du troisième degré, *mi ♭*, ou du quatrième, *mi ♮*, dans la composition de la mélodie, donna lieu à la subdivision d' « airs du troisième doigt », airs à tierce mineure, et d' « airs du quatrième doigt », airs à tierce majeure.

Cette série de cinq notes, comprenant deux tierces, de *ut* à *fa*, est-elle l'échelle primitive de la gamme arabe ? ou l'une des deux tierces aurait-elle

1. Le genre *nuruz*.

été insérée postérieurement? La question ne manque pas de curiosité; mais, pour y répondre utilement, il faut laisser de côté nos propres idées de tonalité.

Nous venons de constater, dans l'ancienne division de la corde, la présence de la tierce mineure seule. D'autre part, l'ancienne nomenclature persane, que je vous ai rapportée ci-dessus, appelle le *ré* « la deuxième note », le *fa* « la quatrième », la « troisième », la tierce, étant le *mi* diminué. Les Persans étaient donc en possession d'une gamme à tierce majeure ; et le fait que ces noms persans se trouvent intercalés dans la nomenclature des Arabes témoigne d'une importation. En conséquence, il faudrait regarder la tierce *majeure* comme un élément étranger, d'origine persane ou iranienne, acceptée par les Arabes lorsqu'ils s'initièrent à la musique des Persans, pour être employée concurremment avec la tierce mineure primitive. A ce sujet, il n'est pas sans utilité de remarquer que les modes mineurs prédominent dans la musique orientale. D'après ce qui vient d'être dit, on trouverait la raison de ce fait dans la constitution même de la gamme ancienne des Arabes.

Aussi bien, l'emploi des deux tierces, majeure et mineure, est chez les Arabes antérieur au huitième siècle. A cette époque, en effet, un musicien, Mansour ibn Jafar, surnommé Zalzal, dans la prétention d'éviter le dualisme de la tierce majeure, représentée par le quatrième degré, et de la tierce mineure, troisième degré, les confondit toutes deux en un son unique, placé à 22/27 de la corde. La valeur de cette tierce neutre ne répond ni à la tierce majeure ni à la tierce mineure : aussi donne-t-elle aux mélodies un caractère d'incertitude qui ne saurait satisfaire l'oreille.

De cette manière, la gamme arabe se présente dès le dixième siècle comme débutant par une série de six notes, savoir : la tonique, la seconde majeure, la tierce mineure, la tierce neutre, la tierce majeure et la quarte.

Cette série de sons s'augmenta d'une note d'agrément en relation de dépendance avec le troisième degré, la tierce mineure, et placée à un ton au-dessous de celle-ci. C'était exactement le *ré* ♭. Cette note additionnelle, en dehors de la série primitive, reçut le nom arabe de *zaïd*, « superflue ».

Puis les musiciens persans changèrent la place de la tierce mineure, et la fixèrent à égale distance de *ré* et de *mi*, ce qui donnait un *mi* ♭ surhaussé (68/81). La note superflue suivit le déplacement de la tierce mineure et devint *ré* ♭ augmenté (ou *ré* diminué), exactement à demi-distance de *ut* et de cette tierce persane (149/161); ou, évaluée d'une autre manière (17/18), elle se plaça à égale distance de *ut* et de *ré*; et parce que, dans ces diverses positions, elle se trouvait proche de la note du second degré, elle fut appelée par les Arabes *mojannab*, ou « voisine » de *ré*.

Enfin la tierce neutre de Zalzal donna origine à une troisième additionnelle « voisine » de *ré*, placée à demi-distance de l'*ut* et de cette tierce neutre (49/54), et produisant un son intermédiaire entre le *ré* ♭ et le *ré* ♮.

Nous sommes ainsi en présence d'une série de onze sons, dont trois invariables et sept de rechange, entre les extrêmes *ut* et *fa*, constituant l'accord ancien de la première corde du luth arabe, savoir :

1° La fondamentale *ut*, invariable ;

2° la superflue *ré* ♭ des anciens Arabes ;

Les quatre voisines de *ré* : (+ *ré* ♭) 3º celui des Persans, 4º et 5º deux autres dus au calcul des théoriciens, ou plutôt établis par les facteurs d'instruments, qui rectifièrent la position des sillets ;

6º le *ré* ♭ augmenté de Zalzal, en corrélation avec la tierce neutre imaginée par ce musicien ;

7º le *ré*, invariable ;

8º la tierce mineure, *mi* ♭, des anciens praticiens, et 9º celle des Persans, la plus haute des deux ;

10º la tierce neutre de Zalzal, — *mi* ;

11º la tierce majeure, *mi* ♮ ;

12º la quarte *fa*, invariable.

Il va sans dire que ces divisions multipliées n'étaient pas destinées à entrer dans la composition d'une même mélodie, et moins encore à se suivre chromatiquement. L'usage de ces sons de rechange, introduits successivement dans la tonalité primitive, trouve quelque analogie dans l'emploi du *si* bécarre ou bémol du plain-chant médiéval. On se sert de l'un ou de l'autre ; et si les deux septièmes, majeure et mineure, apparaissent dans le même morceau, elles ne sont pas consécutives.

Dans la conception de la mélodie arabe, un air quelconque, construit dans les limites *ut-fa*, ne comprenait souvent que cinq notes, toute mélodie ayant comme éléments indispensables la tonique, les notes de *ré* et de *fa*, puis l'une des tierces, soit la tierce majeure, soit la tierce neutre, soit l'une des tierces mineures. On pouvait y ajouter ou bien la superflue (*ré* ♭) ou bien l'une des voisines de *ré* ; mais une seule était employée : régulièrement celle qui correspondait à la tierce que l'on avait choisie. Il y eut pourtant des mélodies où cette relation ne fut pas observée ; on trouve même, à la place de ce *ré* diminué, la tierce mineure arabe, la plus basse des trois. Safi-eddin nous apprend qu'au treizième siècle, la tierce mineure persane était très employée ; la tierce neutre, au contraire, et l'additionnelle correspondante étaient d'un rare usage.

J'arrête ici une description dont le développement pourrait vous être fastidieux. Mais, avant de passer outre, je voudrais établir une comparaison dont le résultat sera de vous faire voir que, si le sentiment musical produit, suivant les temps et les milieux, des formes bien diverses, celles-ci se trouvent dépendre néanmoins de principes communs qu'il importe de mettre en relief.

Dom Pothier, analysant[1] la constitution du tétracorde de récitation chantée, *la, sol, fa, mi*, qui forme la cadence des troisième et quatrième modes grégoriens, a fait voir que l'origine des autres modes provient des modifications subies par les degrés intermédiaires de cette série primitive. En effet, l'introduction du *fa* dièse dans ce tétracorde de notes donne par transposition la cadence des premier et deuxième modes : *la, sol, fa* ♯, *mi* (*sol, fa, mi, ré*). Si le *sol* à son tour reçoit la même altération que le *fa*, la phrase musicale devient l'échelle tonale soit des cinquième et sixième modes : *la, sol* ♯, *fa* ♯, *mi*, (*si* ♭, *la, sol, fa*, ou *fa, mi, ré, ut*), soit des septième et huitième modes (*ut, si, la, sol*), tous caractérisés par la tierce majeure. En d'autres termes, les degrés intermédiaires du tétracorde peuvent se modifier, les notes extrêmes demeurent fixes. Or, si l'on tient compte des particularités tonales propres à la musique des Orientaux, on reconnaîtra que les divers degrés insérés entre les extrêmes *ut-fa*, dans l'accord du luth que je vous ai décrit, présentent une manifestation de la même loi qui a présidé à la formation des modes grégoriens.

Ce rapprochement devait être relevé ici, parce qu'il fournit à la théorie exposée pour la première fois dans la *Tribune de Saint-Gervais* une confirmation inattendue à une si grande distance de temps et de lieu.

Les principes du système musical arabe des dixième, onzième et douzième siècles produisaient, dans l'intervalle d'une octave, de *ut* à *ut* exclus, trente et un intervalles, inégalement distribués. Il est vrai de dire, à la suite de l'exact commentateur de Safi-eddin [1], que « la variété des sons, très grande en théorie, a été de beaucoup réduite dans la pratique », et que, dans les traités eux-mêmes, la rigueur de la théorie dut fléchir devant l'usage. Il n'en est pas moins certain que cette superposition de plusieurs systèmes, tous d'origine différente, entrés successivement dans la construction de l'échelle mélodique, amena des complications toujours croissantes, auxquelles les musiciens du treizième siècle entreprirent de remédier. C'est alors qu'on imagina le système diatonique parfait, dans lequel l'octave est répartie en dix-sept degrés. Mais, comme il est facile de s'en rendre compte, le calcul de ces dix-sept divisions artificielles produit trop d'intervalles faussés : le ton est trop grand, et l'oreille ne s'en contente pas ; la tonalité n'est pas suffisamment assurée. Ainsi, quoi qu'aient pu faire les théoriciens de cette époque nouvelle, leurs doctrines demeurèrent trop impopulaires pour être mises en pratique par d'autres que par eux-mêmes ou leurs disciples. Peut-être ce système n'exista-t-il qu'en théorie ; en tout cas, le peuple ne l'adopta point. On employa, il est vrai, des intervalles différents du ton plein et du demi-ton régulier, mais, dans la pratique courante, ces altérations des degrés accessoires ne se présentaient pas avec une valeur fixe, soit qu'on ait eu peine à vaincre des habitudes antérieures, soit que le sentiment populaire ait résisté à des manifestations artistiques qui ne lui convenaient pas.

On comprendra aisément que, faute d'études musicales et d'un enseignement pratique reposant sur la base d'une doctrine stable, la pratique musicale ait pu tomber en Orient dans la confusion et la décadence. Ce serait tenter une tâche impossible que de vouloir en suivre les péripéties au cours des âges, et il nous faut sans transition passer à l'époque actuelle.

Vers 1830, un musicien de Damas, Michel Meshaqa, entreprit de remédier au désordre de l'art, en appliquant à la théorie ancienne des simplifications autorisées d'ailleurs par les essais de musiciens plus anciens.

Meshaqa, adoptant le principe du tempérament, divise l'octave en vingt-quatre quarts de tons uniformes (il s'agit, évidemment, d'une unité proportionnelle, et non, comme dans l'ancienne division dont il a été question, d'une succession d'égales longueurs de cordes), qu'il groupe par quatre ou

---

par trois pour composer les sept intervalles principaux. De cette combinaison résulte une gamme formée de trois grands intervalles, à quatre subdivisions, et de quatre petits intervalles, à trois subdivisions.

Cette disposition assure au nouveau système une supériorité certaine sur le système parfait, à dix-sept degrés, du quatorzième siècle. Un plus grand nombre d'intervalles donne en effet plus de chances de reproduire les degrés de la gamme ancienne. En réalité, les sept intervalles principaux répondent assez exactement aux degrés anciens dont ils ont les noms.

La nomenclature de la nouvelle méthode est en grande partie empruntée aux anciens traités. La série comprend deux octaves, dont la seconde répète la disposition de la première, sous des noms en partie différents.

Voici d'ailleurs, d'après le texte de Meshaqa lui-même, la série complète des sons de l'octave[1].

Première octave :	1. YEKA,	2. nim hhsar,	3. hhsar,	4. tik hhsar,	5. ʿOSHIRAN,
Deuxième octave :	25. NAWA,	26. »	27. »	28. »	29. HHSAYNI,
	sol	+sol	sol ♯ la ♭	+sol ♯ — la	la
Vibrations :	775	797,79	821,1	845,2	870
Longueurs de corde :	0,000	0,01.02	2.01	2.98	3.92

6. nim ʿajam,	7. ʿajam,	8. ʿIRAQ,	9. kawasht,	10. tik kawasht,	11. RAST,
30. »	31. »	32. ʿAWJ,	33. nahaft,	34. tik nahaft,	35. MAHOR,
+la	la ♯ si ♭	+la ♯ — si	si	+si	ut
895,4	921,7	948,7	976,5	10.05,1	1034,6
4.83	5.72	6.58	7.42	8.23	9.03

12. nim zergela,	13. zergela,	14. tik zergela,	15. DUKA,	16. nim kurdi,
36. nim shahhnaz,	37. shahhnaz,	38. tik shahhnaz,	39. MOHHAYYAR,	40. nim zawali,
+ut	ut ♯ ré ♭	+ut ♯ — ré	ré	+ré
1064,8	1096	1128,2	1161,2	1195,2
9.80	10.54	11.27	11.97	12.66

17. kurdi,	18. SIHKA,	19. buzalik,	20. tik buzalik,	21. JARKA,
41. zawali (sembali),	42. BUZURK,	43. hhosayni shad,	44. tik hh. sh,.	4ʳ. MAHORAN,
ré ♯ mi ♭	+ré ♯ — mi	mi	+mi	fa
1230,4	1266,4	1303,4	1341,6	1381
13.32	13.97	14.60	15.21	15.80

22. arbaʿ,	23. hhjaz,	24. tik hhjaz,	25. NAWA.
46. jawab nim hhjaz,	47. jawab hhjaz,	48. jawab t. hh.,	49. RAMALTUTI.
+fa	fa ♯ sol ♭	+fa ♯ — sol	sol
1421,4	1463	1506	1550
16.38	16.93	17.48	18.00

Si nous comparons cette échelle tonale avec la gamme européenne, nous trouvons que, le *sol* étant pris comme point de départ commun, les autres degrés correspondent de deux en deux aux intervalles de notre gamme tempérée ; les degrés intermédiaires sont à égale distance des précédents.

Lorsque ces degrés intermédiaires apparaissent dans la mélodie, et surtout lorsqu'ils entrent comme notes essentielles dans la constitution des tonalités,

---

1. Les instruments destinés à représenter, pour cette conférence, les intervalles de la gamme arabe, à vingt-quatre divisions, ont été établis suivant les données de M. G. Lyon, dont on connaît la haute compétence en matière d'acoustique.

il s'ensuit pour l'auditeur non familiarisé avec la méthode arabe une impression de faux inhérente non seulement à la manière de chanter des exécutants orientaux, mais à la constitution même de leurs séries tonales, certaines notes se trouvant, les unes au-dessus, les autres au-dessous des degrés de l'échelle moderne de l'Occident. Chez les Orientaux, tout le développement musical s'est porté sur la délicatesse du sens auditif, et cela à un degré extrêmement élevé, que nous devons reconnaître, quoique notre éducation musicale ne nous permette pas de l'apprécier suffisamment. Pour nous, Occidentaux, l'art a pris un sens bien autrement complexe par le développement polyphonique des voix et des instruments, principe que les Orientaux ont complètement négligé, parce que leurs intervalles mélodiques, issus de l'altération des degrés intermédiaires du tétracorde, ne se présentent pas dans les rapports nécessaires pour produire des consonances. Leur accompagnement instrumental consiste tout au plus en une monotone ritournelle, ou bien il n'est formé que d'une pédale, sans idée mélodique, suivant le rythme plutôt que le chant lui-même.

La tentative de Meshaqa, défectueuse dans son principe, puisqu'il fausse arbitrairement les intervalles en les ramenant par tempérament à une longueur proportionnelle uniforme, fut heureuse cependant dans ses résultats, et, à l'heure actuelle, le traité de musique du savant Damasquin est le manuel pratique des musiciens de Syrie. On peut reprocher à l'auteur de manquer de clarté dans l'exposé de sa théorie, laquelle, au surplus, est en divers points répréhensible. Mais la méthode nouvelle eut l'avantage de simplifier grandement la pratique et de pouvoir servir de base à un enseignement rationnel.

2. Formation des modes

Connaissant les sons musicaux en usage aux principales époques de l'histoire de l'art musical arabe, nous pouvons maintenant étudier leur succession et leur groupement mélodique.

Si la disposition des échelles modales a varié chez les différents peuples, leur constitution dépend néanmoins d'un principe général, que je vais énoncer au moyen d'une comparaison.

Une suite de coups ou de battements uniformément répétés, sans variété de durée et sans différence de force, ne peut servir à établir un rythme. De la même manière une suite d'intervalles musicaux également distants ne détermine pas une tonalité. Par contre, de même qu'un rythme est constitué au moyen d'une combinaison de temps forts et de temps faibles, ainsi la combinaison d'intervalles de diverses longueurs caractérise une tonalité.

Si, théoriquement, tous les intervalles qui peuvent se mesurer sur une échelle mélodique — les plus rapprochés comme les plus éloignés les uns des autres — peuvent être employés dans la composition de formules modales, la pratique n'admet cependant que des intervalles dont les relations ne laissent pas à l'auditeur une incertitude dont l'oreille ne saurait s'accommoder.

C'est d'après cette loi que les musiciens arabes ont groupé les sons de la gamme pour en former les genres, et, à l'aide de ceux-ci, les modulations types.

Suivons la formation des uns et des autres, et voyons ce que fut la théorie issue de la pratique.

J'essayerai de mettre quelque clarté dans la description de procédés dont les résultats, bien en rapport avec la finesse du sentiment musical des Orientaux, diffèrent grandement des manifestations mélodiques qui nous sont familières.

Les musiciens arabes ont admis qu'en pratique quatre sons étaient nécessaires pour caractériser un genre ; et, afin de combiner les sons de manière à satisfaire l'oreille en même temps qu'à favoriser l'émission vocale, ils ont distingué trois espèces d'intervalles :

a) Le grand intervalle (A), déterminé par quatre degrés, soit, si nous nous en rapportons à la série de Safi-eddin[1], celui de *ut* à *ré*, en omettant les intermédiaires *ré*♭ et — *ré*;

b) L'intervalle moyen (B), qui est de trois degrés, soit de *ut* à — *ré*;

c) Enfin le petit intervalle (C), comprenant deux degrés : *ut ré*♭.

La combinaison de ces trois sortes d'intervalles donne les genres suivants :

1	'oshaq	1 4 7 8		ut	ré		mi	fa.			
2	nawa	1 4 5 8		ut	ré		mi ♭	fa.			
3	busalik	1 2 5 8		ut	ré ♭		mi ♭	fa.			
4	rast	1 4 6 8		ut	ré	— mi		fa.			
5	nuruz	1 3 5 8		ut	— ré	mi ♭		fa.			
6	'iraq	1 3 6 8		ut	— ré	— mi		fa.			
7	isfahan	1 3 5 7 8		ut	— ré	mi ♭	mi	fa.			
8	buzruk	1 3 6 8 10 11		ut	— ré	— mi	fa	— sol	sol.		
9	zirakfend	1 3 5 6		ut	— ré	mi ♭	— mi				
10	rahawi	1 3 5 7		ut	— ré	mi ♭	mi.				

Les genres ainsi constitués produisent les systèmes, par un procédé analogue à celui que nous offrent nos propres théories, la superposition de tétracordes conjoints ou disjoints.

Le premier système de chaque genre consiste à élever, sur la quatrième note du premier tétracorde, un second tétracorde semblable, soit pour la série du premier genre indiqué plus haut :

'oshaq : 1 4 7 8 11 14 15 18
ut, ré, mi, fa.
           fa, sol, la, si ♭.

Le système engendré par cette double suite de notes se complète par l'intervalle

si ♭, ut.

Ce degré supplémentaire, destiné à terminer l'échelle à l'octave, s'appelle « séparée » ou « séparante ».

La séparante peut prendre place, non plus à la fin, mais au début de la série, et nous avons :

1 4 7 10 11 14 17 18
ut, ré.
    ré, mi, + fa ♯, sol.
          sol, la, + si, ut,

second système du premier genre.

1. Disposition usuelle des degrés sur les cordes du luth, d'après Safi-eddin.

Noms des degrés :	corde libre	superflue	voisine	index	médius	moyenne de Zalzal	annulaire	auriculaire
Longueurs de corde :	0,000	0,01.83	3.33	4.00	5.62	6.66	7.55	9.00
Sons correspondants :								
1re corde :	1. ut	2. ré ♭	3. — ré	4. ré	5. mi ♭	6. — mi	7. mi	8. fa
2e corde :	8. fa	9. sol ♭	10.—sol	11. sol	12. la ♭	13.— la	14. la	15. si ♭
3e corde :	15. si ♭	16. si	17.—ut	18. ut	19. ré ♭	20. — ré	21. ré	22. mi ♭
4e corde :	22. mi ♭							
5e corde :	30. la ♭							

Enfin, le troisième système place la séparante au milieu de l'échelle, entre les deux tétracordes, qui se présentent ainsi comme deux tétracordes disjoints, et nous avons :

$$
\begin{array}{cccccccc}
1 & 4 & 7 & 8 & 11 & 14 & 17 & 18 \\
\text{ut,} & \text{ré,} & \text{mi,} & \text{fa.} & & & & \\
& & & \text{fa,} & \text{sol.} & & & \\
& & & & \text{sol,} & \text{la,} & +\text{si,} & \text{ut.}
\end{array}
$$

Par ce triple système de formation, les Arabes, développant jusque dans ses dernières limites la combinaison successive des intervalles, composent, à l'aide des dix genres admis par la théorie, un système mélodique de trente gammes.

Plusieurs de celles-ci ont disparu de la pratique, si tant est qu'elles y soient jamais entrées ; les autres ont servi de types aux modulations propres aux divers tons ou modes, dont il faut maintenant parler.

Dans le système européen moderne, toutes les successions de notes prises sur un degré quelconque de l'échelle se ramènent ou au mode majeur ou au mode mineur dans ses subdivisions.

La musique grecque et le chant grégorien possèdent de plus nombreuses échelles, chacun des degrés de la gamme diatonique pouvant, en principe, servir de note finale à un mode, dans lequel les intervalles sont combinés d'autant de façons différentes.

Mais la musique arabe, grâce au grand nombre des degrés qui composent son échelle, est susceptible d'une quantité infinie de combinaisons, que représenterait en théorie le calcul des dix-sept ou vingt-quatre notes, groupées par intervalles de quatre, trois ou deux, dans toutes les positions possibles.

La pratique du treizième siècle a réduit à dix-huit le nombre des formules modales principales, auxquelles s'ajoutaient les variétés fournies par la présence d'altérations constantes ou seulement de passage, affectant l'une ou l'autre note de ces gammes.

Voici les formules des principaux modes[1] :

		1	4	7	8	11	14	15	18	
1	'oshaq AACAACA	ut	ré	mi	fa	sol	la	si ♭	ut	(mode de *sol* transp.)
		1	4	6	8	11	13	15	18	
2	rast ABBABBA	ut	ré	— mi	fa	sol	— la	si ♭	ut.	
		1	4	7	10	11	14	17	18	
3	busalik AAACAAC	ut	ré	mi	+ fa ♯	sol	la	+ si	ut.	
		1	4	7	9	11	14	10	18	
4	nuruz AABBABB	ut	ré	mi	fa ♯	sol	la	si	ut (*fa*).	
		1	4	5	8	11	12	15	18	
5	nawa ACAACAA	ut	ré	mi ♭	fa	sol	la ♭	si ♭	ut (*la*).	
		1	3	6	8	10	13	16	18	
6	'iraq BABBABA	ut	— ré	—	mi fa	— sol	— la	si ♭	ut.	
		1	3	5	7	8	11	13	15	18
7	isfahan BBBCABCA	ut	— ré	mi ♭	mi	fa	sol	— la	si ♭	ut.

Tout mode pouvait, par transposition, être joué à n'importe lequel des dix-sept degrés, pourvu que la relation des intervalles de la formule type fût conservée. Plus tard, la facilité d'exécution ou l'habitude des instrumentistes, ou encore la nomenclature adoptée dans les traités, fixèrent la tonique des

1. CARRA DE VAUX, *Journal Asiatique*, loc. cit., pp. 337, 338. — Cf. LAND, *Recherches sur l'histoire de la gamme arabe*, pp. 35, 132, 202.

modes à des degrés déterminés, non sans réserver le droit de transposition, qui se pratique encore dans la musique orientale actuelle.

La constitution des modes dans le système de Meshaqa n'est pas en contradiction avec les principes du treizième siècle, bien que certaines tonalités diffèrent des modes désignés par le même nom dans la musique ancienne. Le réformateur dit lui-même s'en être rapporté préféremment à la pratique courante; ce qui suffit pour rendre raison des différences que l'on peut signaler. Il groupe, comme nous l'avons vu, les degrés toniques par trois ou par quatre, afin de constituer les grands et les petits intervalles. Or, la note terminale (de bas en haut) de chacun de ces intervalles répond avec une exactitude suffisante aux notes correspondantes des échelles anciennes; de sorte que, en dépit de la disproportion qui se trouve entre le plus grand nombre des degrés intermédiaires de cette gamme à vingt-quatre subdivisions et ceux de la gamme du quatorzième siècle, à dix-sept subdivisions, la théorie de Meshaqa se tient assez près de l'ancienne, dont elle respecte les principes modaux essentiels.

Ces intervalles regardés comme fondamentaux et pouvant seuls servir de notes finales pour constituer les modes sont au nombre de sept pour l'octave. Ce sont les notes de

sol, la, — si, ut, ré, — mi, fa.

On remarquera que ni le *mi* naturel ni le *si* naturel ne figurent dans cette série. Il n'y a donc point, dans la musique arabe, de modulation finale correspondant à celle des troisième et quatrième modes grégoriens.

Les autres degrés, « les quarts », sont distinés à remplacer, dans la formation des nombreuses échelles modales, les intervalles fondamentaux, de telle sorte que, l'un quelconque de ces degrés étant employé, les intervalles voisins soient, en règle, exclus de la série ainsi formée, laquelle ne saurait admettre, si ce n'est dans les trilles, les notes ornées ou les glissements chromatiques, plusieurs quarts de ton successifs. En effet, des successions de cette espèce sont difficilement appréciables à l'oreille et ne caractérisent pas suffisamment la tonalité.

Suivant ces principes, les musiciens arabes composent des mélodies au moyen de séries de sept sons pris dans l'intervalle d'une octave, et dont le choix est livré à leur goût ou à leur caprice. Régulièrement, les modalités sont conformes aux schémas des modes indiqués en exemples par Meshaqa; mais souvent la tonalité choisie se trouve affectée d'altérations qui l'éloignent plus ou moins du type régulier du mode musical; d'autres fois les exécutants, passant d'un tétracorde à un autre, « circulent », selon l'expression arabe, dans des tons différents, de sorte qu'un même morceau peut appartenir successivement à plusieurs modes. A cause des variétés que l'on peut introduire dans la succession des sons, le nombre des formules tonales issues des douze modes se multiplie considérablement. Meshaqa en compte quatre-vingt-quinze, mais les musiciens en imaginent une plus grande quantité, dans la formation desquelles les sons intermédiaires sont rarement observés avec exactitude, qu'il s'agisse de pratique vocale ou instrumentale.

Telle est la forme sous laquelle l'art moderne des Arabes vit des débris du passé.

III

CHANTS SYRIENS ET CHALDÉENS

Les chants dont l'exécution terminera cette conférence proviennent d'une autre source que tous les précédents, et ne répondent nullement, dans l'état où ils ont été recueillis, aux principes de la musique arabe.

Franchement diatoniques, ces airs sont moins éloignés que les chants arabes des types modaux de l'antiquité conservés dans le répertoire grégorien et dans la musique grecque.

Ces mélodies, dont plusieurs sont aussi pures d'expression que les meilleures formules de musique grecque et de chant grégorien, représentent-elles l'ancienne tradition artistique, ou bien ont-elles été données aux peuples qui les possèdent par l'influence européenne?

Certains seront disposés à le croire, sans considérer que les spécimens musicaux qui vous sont ici présentés appartiennent à des populations fort éloignées de la civilisation occidentale. Au surplus, beaucoup de ces pièces se retrouvent substantiellement les mêmes dans des régions diverses, telles que le pays d'Ourmiah et de Khosrowa, au nord, et le pays de Mossoul au sud. D'autre part, il est fort probable que des importations musicales dues aux Européens auraient consisté, comme on le voit par la Syrie et l'Égypte, en des chansons ou cantiques de teneur moderne, plutôt qu'en mélodies aussi franches et aussi austères que les chants grégoriens, longtemps oubliés parmi nous, et revenus en pratique depuis peu d'années seulement. Enfin, les peuples ne changent pas facilement du tout au tout leurs traditions musicales; les chants contenus dans notre programme sont bien les mélodies ecclésiastiques traditionnelles des Syriens et des Chaldéens; et nous ne sommes pas en droit de soutenir le fait d'une pression assez forte et assez étendue de l'élément européen pour établir la thèse de l'importation de notre art parmi les peuples orientaux les plus séparés de nous.

Il nous reste donc, en présence de ces documents musicaux, à croire qu'ils représentent une tradition asiatique autre que celle des Arabes de Syrie, tradition issue de procédés étrangers à la théorie arabe des huitième et dixième siècles que nous avons étudiée, et venant donner confirmation à cette thèse des musicologues : que la tonalité diatonique a régné avant l'invasion, en Asie, des systèmes chromatique et enharmonique[1].

Séparés des chrétiens de Syrie par les circonstances religieuses et politiques, ceux de Mésopotamie et de Perse, Chaldéens et Nestoriens, ont gardé leurs rites, leur langue, leurs usages ecclésiastiques et profanes. Pourquoi n'auraient-ils pas conservé leur tradition musicale antique?

De plus nombreux documents permettront de vérifier les conclusions que je vous ai soumises.

Je dois dire que nous en jouirons bientôt.

1. Aristoxène, *Harm. elem.*, I (Meibom., p. 19). — Mersen, *Harmonic*, l. 6. — Plutarque, *De Musica*, 1134.

Tandis que se prépare, ici même, la publication du recueil complet des chants ecclésiastiques des Maronites, les airs liturgiques des Syriens et ceux des Chaldéens sont recueillis à l'heure actuelle par Dom Jeannin, Bénédictin de Marseille. Puis le R. P. Couturier, des Pères Blancs de Sainte-Anne de Jérusalem, et le P. Joannès Thibaut, des Assomptionnistes de Constantinople, annoncent sur le chant grec des travaux dont nous avons eu déjà les prémices.

Il n'est pas inutile de faire remarquer que toutes ces entreprises, dirigées vers le même but, sont dues à l'initiative française. Vous vous en féliciterez, Messieurs, et à l'occasion, vous les favoriserez. En dehors de l'utilité qu'elles peuvent avoir pour les Orientaux, en les sollicitant à étudier méthodiquement leur propre musique, elles seront pour nous d'un intérêt direct. En d'autres circonstances, les sévères censeurs des mœurs romaines purent blâmer l'invasion en Occident de la musique syrienne et babylonienne[1], corruptrice de l'art classique. Aujourd'hui, notre éducation musicale, plus solide et plus large, ne craint pas le contact de l'art asiatique. Bien au contraire, elle sait qu'elle peut trouver, dans la connaissance des productions artistiques de l'Orient, de féconds éléments de régénération et des moyens d'expression nouveaux. C'est dans ce but que le Ministère de l'Instruction publique a bien voulu encourager des recherches auxquelles la *Schola Cantorum* s'intéressa dès le début, à l'effet d'explorer le vaste domaine des choses asiatiques pour mettre au jour les spécimens musicaux dont le caractère peut nous révéler, mieux que les produits des arts plastiques, les côtés les plus intimes de la civilisation orientale.

Des huit exemples exécutés dans cette dernière partie de la conférence, par MM. Lubet et Becker, nous citerons ici :

1° Un *Alleluia* du rite syrien. Ce chant, d'un très beau caractère, offre une modulation amenée avec un art parfait du ton de *ré* mineur à celui de *sol* mineur, qui devient la finale du morceau;

3° Une brève *antienne* de l'office de l'Épiphanie, au rite syrien, constituant une mélodie très pure, dont l'ambitus ne s'étend pas au delà d'une quarte;

3° Le début du *Canon* de la liturgie dite de Nestorius, avec la réponse du chœur;

4° Une formule de *supplication* ou *litanie* de l'office chaldéen;

5° Une autre *litanie* dialoguée entre l'officiant et le peuple. On remarquera la phrase intercalaire en *la* majeur, encadrée de deux formules mineures.

Ces trois derniers chants appartiennent aux Chaldéens de Mossoul.

CHANTS SYRIENS

I. ALLELUIA

1. JUVÉNAL, *Satire* III, 62 et seqq. Cf. PLAUTE, *Stichus*, 379, 380.

in. 1. A toi soit la gloire, ô
2. Bé-ni soit le Sau- veur Jé-

Christ, fils de Ma- ri- e. D. C.
sus, le Roi Mes- si- e.

2. ANTIENNE

lent 80 = ♩

O Christ! souverain de la terre et des cieux, Seigneur immortel, par ton sang sau-

ve-nous du noir enfer.

CHANTS CHALDÉENS

1. CANON DE LA DEUXIÈME LITURGIE NESTORIENNE

lent 96 = ♩

Là, dans les hauteurs du ciel, au pied du trône é-ternel, ô

Dieu Sau- veur. Là les Anges, tour à tour, e-xaltent ton a-mour,

(Chœur)

ô Roi vain- queur. Nous é-levons no-tre cœur. ℟. Vers toi,

ô Dieu d'Abraham, d'I-sa-ac et d'Is-ra-ël, ô Roi glo-ri-eux.

2. LITANIE

160 = ♪

O Dieu de gloire é-ter-nel- le, O Dieu fort, Sau-ve ton peuple fi-dèle De la mort.

Les apôtres, les prophètes,
D'une voix,
Ont célébré tes conquêtes,
Roi des rois.

Et nous, d'un chœur unanime,
A genoux,
Nous te chantons, Dieu victime,
Mort pour nous.

Doux agneau, victime pure,
Dieu puissant,
Viens laver notre souillure,
Dans ton sang.

3. LITANIE

℣. Du haut de ton ciel glo-ri- eux, Sur nous daigne a- bais-ser tes yeux. ℟. O Sei-
Donne à ton E- glise, en ce jour, Les bien- faits de ta bon- té.

gneur. ℣. Prê-te l'o- reille à notre humble voix, O roi des rois. ℟. A- men.
Guide nos pas vers l'heu-reux sé- jour De ta beau- té.

Ligugé.   Dom J. PARISOT.

Ligugé (Vienne). — Imp. Saint-Martin. M. Bluté.

www.ingramcontent.com/pod-product-compliance
Lightning Source LLC
Chambersburg PA
CBHW070748280326
41934CB00011B/2845